तीन दोस्त

हिमांशु पाठक की कहानियाँ

हिमांशु पाठक

ISBN 978-93-5458-780-1

© Himanshu Pathak 2021

Published in India 2021 by Pencil

A brand of

One Point Six Technologies Pvt. Ltd.

123, Building J2, Shram Seva Premises,

Wadala Truck Terminal, Wadala (E)

Mumbai 400037, Maharashtra, INDIA

E connect@thepencilapp.com

W www.thepencilapp.com

Author biography

हिमांशु पाठक का जन्म उत्तराखंड के कुमाऊँ अंचल के अल्मोड़ा में ,14जुलाई 1970 को हुआ। आप मूलतः गंगोलीहाट के पठख्यूढ़ा गाँव से हैं। आपकी माता श्रीमती गोबिंदी पाठक धार्मिक विचारों की साधारण गृहणी थी व पिताजी श्री हेमचन्द्र पाठक प्रसिद्ध ज्योतिषाचार्य एवं संस्कृत व हिन्दी के प्रकाण्ड विद्वान थे।

आपकी आरम्भिक शिक्षा अल्मोड़ा व शेष शिक्षा हल्द्वानी में पूर्ण हुई। वर्तमान में आप शिक्षा के क्षेत्र में कार्यरत हैं। शिक्षा के अलावा आपकी रूचि लेखन व अध्ययन में भी रही है समय-समय पर आपने अनेकों रचनाओं का सृजन किया है।जिनमें प्रमुख रचनाएँ निम्न हैं।

पद्य रचनाएँ ÷ ढलता हुआ सूरज, वो गरीब की बेटी,यू आएँगे,दो छोर,बाबूजी,चिट्टी,दीवारें, चाय की चुस्की, मौन धरो ना,मौन अधरों का,काश कि प्रेमिका मेरे साथ होती, प्रीत की रीत, चाय पर चर्चा, यादों का सफर,तेरी यादों के साये में०, आम आदमी, वेदना, हाय जिंदगी,काश आदि

गद्य रचनाएँ ÷ मैं प्रकृति हू, आँखे, माँ गंगा ने बुलाया है, ढलता हुआ सूरज, एक पुरोधा का अंत, कुसुम दी,उस रात की सुबह,आँगन, एक था बचपन, बचपन, लौट आओ पहाड़, दीदी की जुबानी-कुमाऊं की कहानी आदि

कहानी ÷ एक मोड़ पर, उस मोड़ पर,वो लड़की,मधु, खुशबु,प्रेम-पथ,भोर का तारा आदि।

धारावाहिक- तेरहवीं, उस मोड़ पर ।
उपन्यास- प्रेम के पर।

CONTENTS

तीन दोस्त-1

1

आज मौसम में बहुत ही गर्माहट है। धूप है कि मानो आग बरसा रही हो। मार्च के महीने की दो टाँगें टूट चुकी हैं;एक टांग अभी साबुत है। होली का आगमन भी निकट है,पर बाहर,मौसम को देखकर लग नही रहा है कि फाग है ,ऐसा लग रहा है मानो ज्येठ हो।

पुराने बुजुर्ग मौसम में आए इस बदलाव से आश्चर्यचकित हैं। वो अपने उस दौर को याद कर,उदास हो जाते है,और याद करते हैं फाग का वो त्यौहार और वो उत्सव जो अब कहीं विलुप्त प्रायः हो चुके हैं; और कोसते हैं आज के आधुनिकता को क्योंकि उनका मानना है कि आज मौसम में आए अचानक बदलाव का प्रमुख कारण,आज की जीवन-शैली है व आधुनिकीकरण की अंधी दौड़ में प्रकृति के साथ किया गया अत्याचार है। जिस कारण प्रकृति हमसे कुपित होगयी और अपना रौद्र रूप दिखा रही है ।

हल्द्वानी शहर का,एक छोटा-सा मौहल्ला, दिन के लगभग तीन से चार के बीच का समय है,उस मुहल्ले में स्थित है एक घर; घर का नाम है 'आशीर्वाद' और बाहर एक नाम पट्टिका टंगी है,जिसमे गोविन्द बल्लभ पाण्डे,सेवा निवृत्त शाखा प्रबंधक स्टेट बैंक ऑफ़ इंडिया लिखा हुआ है।

घर के भीतर से मधुर संगीत की आवाज आरही है और कुछ लोगों के

बोलने की आवाज़ें आ रही है। घर के भीतर पाण्डे जी ,उनकी पत्नी हेमा, दो बेटे अतुल व कमल; दो बहुएं मधु और संगीता व उनके दो-दो बच्चें समीक्षा, संचित,रागनी और गौतम बैठे हैं,माहौल में उल्लास है।सामने मेज में,जग में मैंगो-शैक है और साथ में कुछ गिलास। मधु हर गिलास में मैंगो-शेक डाल रही है और संगीता हर एक को मैंगो-शैक दे रही है।

पाण्डे जी एक पुरानी ब्लैक एंड व्हाइट तस्वीरों से सज्जित एलबम लेकर परिवार सहित पुरानी यादों को परिवार के साथ साझा कर रहें हैं। सभी लोग पूरी तल्लीनता से एक-एक तस्वीरों को देख रहे हैं।

अचानक एक तस्वीर पर आकर पाण्डे जी की निगाहें अटक जाती है,और उनके चेहरे में अनेकों भावों के मिश्रण एक साथ नजर आनें लगते हैं।

तभी बीच में अतुल की आवाज से, पाण्डे जी थोड़ा संयत होते हैं।" ये पाठक अंकल है ना और ये पंत अंकल। ये आप लोगों की लड़कपन की तस्वीर है। है ना बाबूजी!" पाण्डे जी ने हाँ में सर हिलाते हुए अतुल की बात का उत्तर दिया।

"ये लोग कौन हैं और आजकल कहाँ हैं?" मधु ने पूछा; तो फिर जो बातों का सिलसिला चल निकला तो आगे को बढ़ता ही चला गया।

"बेटी ये लोग मेरे बाल सखा है, जो कक्षा नौ से मेरे दोस्त थे और ये दोस्ती आज भी जस की तस है। इनसे मेरी दोस्ती की कहानी भी बड़ा ही दिलचस्प है जो इस प्रकार है।

"इस तरह से पाण्डे जी चले गये; 'अतीत की यादों में'।

2

ये तकरीबन 1960 की बात है। उस समय मैं यही कोई कक्षा आठ से नवीं कक्षा में गया था।

स्कूल भी नया था, माहौल भी नया था व लोग भी नये। मैं कक्षा में अकेला एक कोने में अंतिम पंक्ति में बैठा हुआ था। कक्षा में धीरे-धीरे कई अन्य छात्र आए, क्योंकि सभी लोग एक-दूसरे से अनभिज्ञ थे, इसलिए चुपचाप बैठे रहें। पहला दिन तो गुजर गया पर बोरियत भरा था।

इस तरह से दिन पर दिन गुजरते जा रहे थें। पर कब तक? धीरे-धीरे सब एक-दूसरे से परिचय का आदान-प्रदान कर दोस्त बनते जा रहे थें।

एक दिन किसी बात को लेकर, हाँ! याद आया सीट को लेकर मेरे और पंत के बीच हल्का-सा विवाद हो गया था। वो तो बीच में एक लड़का शायद, पाठक, आ गया तो विवाद टल गया; परन्तु हमारे बीच कोई बातचीत नही होती थी।

अच्छा! हम लोगों के मतभेद का फायदा कुछ लोग उठाने लगे थें। वो मेरे पास आकर मुझे बताते कि पंत आज तुझे मारने के लिए चार-पाँच लड़कों को ला रहा मैं भी चाकू लेकर घर से निकलता यानि पूरी तैयारी के साथ; इसी तरह से वो पंत के पास जाते उसे मेरे विरुद्ध भड़काते कि आज पाण्डे तुझे मारने के लिए आठ-दस लड़कों के साथ रास्ते मे तुझे घेरेगा और पंत, वो भी बेचारा,पूरी तैयारी के साथ स्कूल आता; पर ना कभी वो मुझसे लड़ा और ना ही मैं। बस ऐसे ही दिन गुजर रहे थें हम लोगों के।

मेरी आदतों में अब बदलाव आने लगा था; मेरी मित्र-मंडली बदलने जो लगी थी, अब मेरी मित्रता कक्षा के कुछ बिगड़ैल लड़कों से हो गयी थी। हालांकि पंत मुझे उनसे दूर रखने का जतन करने लगा था; वो मेरी आदतों व मित्रों के विषय में, मेरी जानकारी मेरे घरवालों को किसी ना किसी माध्यम से

पहुंचवा देता; पर मैं तो चिकना घड़ा बन चुका था, कहाँ, कब किसकी परवाह करता।

एक दिन दोस्तों के बहकावे में आकर मैंने स्कूल की फीस ही जमा नहीं करी व उस रकम से दोस्तों के साथ पिक्चर देखने चला गया। ऐसा करने के लिए मुझे, मेरे दोस्तों ने, यह कहकर राजी कर लिया, कि हम सब मिलकर मेरी फीस भर देंगे। आज मैं उन्हें ,पिक्चर, फीस की रकम से, दिखा दूं। उस दिन हमनें स्कूल से भागकर पिक्चर देखी और ऐसा करने में मुझे जिस आनन्द की अनुभूति हुई,उसका बखान, मेरे लिए, शब्दोँ मे कर पाना, संभव नहीं था। अब ये मेरा क्रम होने लगा था हर महीने का।

एक दिन मुझे ज्ञात हुआ कि स्कूल में काफी समय से फीस ना जमा होने के कारण मुझे स्कूल से निकालने की तैयारी चल रही है,तथा जिसकी सूचना मेरे घर वालों तक भी पहुंच चुकी थी।

मैंने अपने तथाकथित मित्रों सेवकराम व संतलाल से मुझे मेरे पैसे लौटाने। को कहा तो वो साफ मुकर गये; अब क्योंकि वो मुझसे ज्यादा शक्तिशाली थे तो मुझे मन मसोसकर रहना पड़ा।

शाम को जब मैं घर पहुंचा तो घर में मेरे भव्य स्वागत की तैयारी चल रही थी और सभी लोग उस तैयारी में व्यस्त थे; मेरे घर पहुंचते ही सभी लोग मेरे स्वागत के लिए खड़े थे। मैं समझ गया आज तो मेरी खैर नही। खैर साहब चमड़े की बेल्ट से मेरा भव्य स्वागत किया गया।

दूसरे दिन मेरे बड़े भाईसाहब फीस जमा करने स्कूल पहुंचे तो पता चला कि मेरी पूरी फीस स्कूल में पहले से ही किसी ने जमा करवा दी थी व मेरा नाम स्कूल से कटने से बच गया था। मेरे भाईसाहब ने जब पता करवाया कि फीस किसने जमा करी तो स्कूल वालों ने बताया कि मेरे ही कक्षा के सहपाठी पंत ने मेरे पीछे से मेरी फीस जमा करवा दी थी। भाईसाहब और मैं पंत से मिले उसका आभार व्यक्त किया। मेरी आँखों से आंसू छलक रहे थे मैंने पंत को गले से लगा

लिया तब से मैं और पंत घनिष्ठ मित्र बन गये थें।

"तो फिर दादू पाठक अंकल भी आपसे साथ ही पढ़ते थें"! संचित ने पूछा तो पाण्डे जी मुस्कुराते हुए बोले," हाँ बेटा ये भी मेरे ही कक्षा में थे हम तीनों मे अच्छी मित्रता थी"। संचित ने फिर अपनी जिज्ञासा व्यक्त करी ये जाने के लिए कि पाठक अंकल के बारे मे जानने की और कैसे दादू(पाण्डे जी) और पाठक अंकल के बीच में घनिष्टता बढ़ी।

यहाँ पर आप चौकियेगा बिल्कुल मत कि संचित, पाण्डे जी को तो दादू कह रहा है, पर पाठक को अंकल जबकि दोनों ही समान अवस्था के हैं असल में वो आपने मम्मी व पापा का अनुसरण करता है और मम्मी पाठक और पंत को अंकल के संबोधन से बुलाती आई है और संचित बचपन से ही उस संबोधन को सुनता आया है ,बल्कि खाली संचित ही नही और बच्चे भी।

घर के सभी लोग जिज्ञासावश पाण्डे जी को देख रहे थे और पाण्डेजी वापस अतीत की सैर में चले गये थे ।

3

पंत और मेरी मित्रता समय के साथ-साथ गहरी होती चली गयी। स्कूल की पढ़ाई पूरी कर पंत तो अल्मोड़ा से हल्द्वानी चला आया, और मैं अल्मोड़ा रहकर भाईसाहब के साथ आगे की शिक्षा उनकी देखरेख में ही ले रहा था। वो महाविद्यालय में पढ़ाने के साथ पीएचडी भी कर रहें थें।

पंत भले ही हल्द्वानी आ गया हो, पर हमारी दोस्ती में, ना ही समय, ना ही दुनिया-दारी और ना ही दूरियां ही बाधा बनी; हम लोग पत्राचार के माध्यम से एक-दूसरे के, सम्पर्क में रहते थें । समय के साथ-साथ मेरी बीए तक की शिक्षा अल्मोड़ा में पूरी हो गयी और हालात ऐसे बन गये थें कि हमें अल्मोड़ा छोड़ कर हल्द्वानी आना पड़ा हमेशा-हमेशा के लिए।

हल्द्वानी में रहते हुए मुझे करीब-करीब एक साल का समय हो गया था, और इस बीच मैं भी अपनी घर की समस्याओं में उलझा हुआ था; इस बीच हल्द्वानी आने के बाद से पंत से मेरा सम्पर्क लगभग समाप्त-सा हो गया था।

एक दिन में बाजार गया हुआ था साईकिल से; उस समय साईकिल की सवारी करने में शान झलकती थी। मेरे पास तो साईकिल नही थी इसलिए अपने मकान मालिक से साईकिल लेकर में यदा-कदा बाजार को चले जाता था।दोस्त तो तब कोई खास थें नही, मुहल्ले के दो-चार लड़कों से ही थोड़ी-बहुत बोलचाल हो जाती थी। बाकि तो मैं कभी पैदल व कभी साईकिल से बाजार की ओर चले जाता था। शाम को लौटते हुए कुछेक घर का सामान जैसे चीनी घी या फिर कुछ नही तो सब्जी खरीद कर घर लौट आता था।

उस दिन भी मैं रोज की तरह बाजार चले गया था घुमने के लिए सब्जी मंडी में, सब्जी खरीद रहा था कि पीछे से मुझे किसी ने हल्के से थपथपाते हुए

पुकारा ,जैसे ही मैं पीछे मुड़ा तो सामने पंत खड़ा था। मैं हक्का-बक्का रहकर अपलक पंत को देखता रहा। खुशी के मारे मेरी आँखों से आँसू छलक पड़े। पंत और मैं जी-भर के पहले तो गले मिले। काफी दिनों बाद आज कृष्ण और सुदामा जो मिले थें। खैर काफी दिनों देर तक गले मिलने के बाद पंत ने अपनी दीदी से अपना परिचय कराया।

पंत की दीदी हेमा दीदी बहुत ही अच्छी महिला। पंत ने मेरे से पूछा ," कब आया हल्द्वानी"?

तो मैनें पंत से चाय पीने को कहा पंत ,मैं और दीदी तीनों ही कमल स्वीट पर तीन चाय को कहकर बैठ गये कोने के एक बेंच पर ।

अब पंत बोला," अब बता कब आया तू हल्द्वानी ?

मैंने बताया ,"हो गये है एक साल।"

पंत चौकतें हुए गुस्से से बोला," एक साऽऽऽऽऽल........! और तूने कोई खबर नहीं दी।बहुत नाराज हूँ मैं तुझसे।"

मैनें पंत को शान्त किया और फिर शुरूआत से अपने आने का कारण व परिस्थितियों को बताया। पंत समझ गया और दुःखी भी हुआ। दीदी, जो, अब तक हमारी बातों को मौन हो कर सुन रही थी; मेरी ओर देखते हुए बोली ," तुझे हमारे घर, एक दिन, जरूर आना है।"

"और सुन ये आग्रह या औपचारिकता नही,बल्कि आदेश है मेरा।" दीदी के मुख से निकले इस आदेश पर मैं, थोड़ी देर के लिए, चौंक गया।

पंत मेरे भावों को पढ़ते हुए बोला पड़ा ,"चौंक मत, अगर ये, दीदी ने कह दिया तो मतलब कह दिया।"

मैंने हामी में सिर हिला दिया। तब तक चाय भी आ गयी थी। हम लोग अभी बातों में ही मशगूल थें। आज लम्बे अंतराल के बाद जो मिले थे । चाय थी कि हमलोगों का मुँह देख रही थी; तभी दीदी ने कहा अरे चाय पी लो ठंडी हो रही है । हम सभी लोग चाय पी ही रहे थें कि ,तभी एक आवाज पीछे से आई ,"क्यों

अकेले ही चाय पी रहे हो? मुझे भूल गये"? पंत बोला," अरे आ भाई आ"।

"नमस्कार दीदी। क्या हाल है"? वो अजनबी फिर बोला।

वो आवाज कुछ पहचानी सी लग रही थी।

तभी पंत ने, मेरी ओर देखते हुए कहा,"इसको तो तू जानता ही होगा!"

इससे पहले कि मैं कुछ बोल पाता; वो अजनबी, मेरे सामने बेंच पर बैठकर मेरी ओर देखते हुए बोला," अरे ये अपना पाण्डे तो है यार।"

मुझे वो चेहरा तो पहचाना-सा लग रहा था; पर दिमाग में स्पष्ट नही हो पा रहा था। पंत और मेरे बीच की मित्रता की गहराई की कोई सीमा नही थी; पंत मेरे चेहरे से ही मेरे मन में चल रहे असमंजस को भाँपते हुए बोला, "पहचाना नही इसे, पाठक है ये"!

पाठक मेरी ओर देखते हुए बोला ," मैं तो तुझे नही भूला यार और तू अपने दोस्त को भूल गया।"

मैं थोड़ी देर के लिए झेंपा और तुरन्त , पाठक से माफी माँगते हुए उसको वादा किया कि अब नही भूलूंगा। इस तरह से मेरे पंत व पाठक के बीच समय के साथ-साथ मित्रता की गहराई बढ़ता चली गयी और हम लोग एक अच्छे दोस्त बन गयें ।

4

हमने हल्द्वानी में रहते हुए एक लंबा अंतराल गुजारा। तीनों ही नौकरी के लिए बैंक की प्रतियोगिता परीक्षाओं की तैयारी करने लगें। अंततः हम सभी की तो नही मेरी मेहनत रंग लाई और मेरी नियुक्ति स्टेट बैंक ऑफ़ इंडिया में पीओ के पद पर हो गयी।

इस तरह मैं हल्द्वानी छोड़ कर बाहर चला गया प्रयागराज। हमलोग पत्र के माध्यम से एक-दूसरे के साथ संपर्क में रहते। काफी लंबा अंतराल गुजर गया था।अपने शहर ना देखे हुए मन करा तो कुछ दिन की छुट्टी लेकर हल्द्वानी के लिये निकल पड़ा ये सोचकर कि आज हम लोग फिर से पुराने समय को जीयेंगे।   हल्द्वानी पहुँचते ही मन आनन्दित था पंत व पाठक दोनों ही मेरी प्रतीक्षा में स्टेशन में खड़ी थे। हम लोग जीभर के गले मिले फिर घर के लिए रवाना हो गये।घर पहुंचे कर नहा-धोकर सफर की थकान मिटाई तत्पश्चात हम लोग चाय-नाश्ता करने लगें खुब हंसी-ठहाकों से घर गुंजायमान हो रहा था ।

दूसरे दिन सुबह से शाम तक हम सभी दोस्त खुब मजे करते अच्छा अपने हल्द्वानी में भी ब काफी बदलाव आ गया था अब हल्द्वानी पहली वाली शान्त हल्द्वानी नही रह गयी थी,परन्तु हम तीनों दोस्तों ने एक दिन चाय पीते-पीते ये निर्णय लिया कि हम नौकरी में भले सी कही भी जाएँ,परन्तु अंत मे सेवानिवृत्त होने के बाद बुढ़ापा तो एक साथ एक मुहल्ले में अगल-बगल में साथ रहकर ही गुजरेंगे। छुट्टियाँ कब बीत गयी पता ही नही चला आज मुझे प्रयागराज को वापस लौटना था; मन बहुत ही उदास था, मेरा भी व दोस्तों का भी; वो मुझे रेलवे स्टेशन तक छोड़नें के लिए मेरे घर आए थें।

अभी हम लोग घर से निकलने ही वाले थे कि तभी पंत का छोटा भाई भी

मेरे घर पहुंच गया,उसके हाथ में एक पत्र था। पत्र की उत्सुकता में हम भूल गये कि हमें स्टेशन भी जाना है;पत्र खुला तो उसमें एक और खुशी थी, पंत का चयन भी बैंक ऑफ बड़ौदा में पीओ पर हो गया था और उसकी नियुक्ति दिल्ली शाखा में हो गयी थी; अगले हफ्ते उसको भी ज्वाइन करना था।

हम लोग स्टेशन चले गयें व वहाँ से, मैं, रेल से अपने गंतव्य को प्रस्थान कर गया; धीरे-धीरे रेल चलने लगी पहले दोस्त दूर हुए फिर शहर।

अब मेरा शहर आना भी कम हो पाता था काम की व्यस्तता के कारण बस चिट्ठियों से ही हाल-चाल पता चलता ।

एक दिन और एक खुशखबरी, पत्र से, प्राप्त हुई, जिसे पाठक ने स्वयं दिया कि उसकी नौकरी भी युनियन बैंक में लग गयी है,पीओ के पद पर और उसे आगरा शहर में नियुक्ति मिल चुकी है।

इस तरह से मैं पंत व पाठक तीनों ही अपनी-अपनी नौकरी में व्यस्त हो गये। फिर हम मिले एक-दूसरे की शादी में।

धीर-धीरे-धीरे हम सभी लोग अपने-अपने कार्यों में व्यस्त रहते पर हमनें चाय की दुकान में किया हुआ अपना वादा निभाया; हम लोगों ने एक साथ जमीन ली, अगल-बगल में ही; तीनों ने मकान भी बनाएं; मैं तो सपरिवार अपने मकान में रहने लगा; परन्तु उन दोनों के मकान खंडहर में बदल चुके हैं।

"आजकल पंत अंकल व पाठक अंकल कहा हैं दादाजी"रागनी ने अचानक पुछा।

पाण्डे जी की आँखे डबडबा आई; डबडबाई आँखों से पाण्डे जी ने बताया पंत तो अपने बच्चों के साथ हल्द्वानी छोड़कर बंगलौर चले गया और वही रहता है। पाठक अपने परिवार के साथ फ्रांस में रहता है।

5

पंत यानी श्रीमान यशोधर पंतजी अपनी पत्नी श्रीमती संध्या पंत के साथ घर की बालकनी में बैठकर चाय पी रहे हैं। शाम के पाँच बजे का समय है; दोनों बालकनी में बैठकर चाय पीते हुए अपने बच्चों के आने की प्रतीक्षा कर रहे हैं।

पंत जी के परिवार में एक बेटा है मलय, व एक बेटी है वंशिका। दोनों ही मल्टीनेशनल कंपनी में कार्यरत हैं; बेटी बड़ी है व बेटा छोटा। दोनों भाई-बहनों की हालांकि अपनी ही दुनियाँ है और दोनों अपनी-अपनी जिन्दगी अपने-अपने तरीके से जीते हैं;स्वतंत्र व स्वच्छंद।

पंत जी व उनकी पत्नी दोनों एक-दूसरे से ही बतियातें रहतें हैं; उनके बच्चों के पास समय ही कहाँ है जो उनकी दो बातें फुरसत से बैठकर सुनें व कुछ अपनी बातें उनसे कहें।

यूँ तो दोनों के घर वापसी का समय कोई निश्चित नही है; कभी छ: बजे जातें हैं,कभी सात और कभी-कभी तो देर रात भी हो जाती है। मल्टीनेशनल कंपनी में भी तो कर्मचारियों का शोषण ही होता है,बेशक सैलरी अच्छी होती है पर काम इतना होता है कि साँस लेने की भी फुरसत नही होती; इसलिए बच्चें भी अपना समय का अधिकांश हिस्सा अपनी नौकरी में ही व्यतीत करतें हैं। चाहते हुए भी वो अपने माता-पिता को पर्याप्त समय नही दे पाते।और जो अवकाश का समय होता है वो मित्र-मंडली के साथ शहर से बाहर अपनी मौज-मस्ती में व्यतीत होता है।

सब कुछ जानते-समझते हुए भी दोनों बालकनी में बैठकर पाँच बजे से ही उनकी प्रतीक्षा करतें। ये उनके रोज का नियम है। खैर प्रतीक्षा करते-करते शाम के छ: बज गये है तभी कैब से हंसिका उतर कर घर की ओर आ रही है। पंतजी व संध्या के चेहरे में चमक लौट आती है ।वो चाय रखने रसोई में चली

गयी। पंत जी अकेले ही अपने खाली कप के साथ बैंगलुर की खुबसूरती का आनन्द लेने लगे। तब तक दरवाजे की घंटी बजी; हंसिका भी घर के अंदर आई और हल्के से मुस्कुराते हुए अपने कमरे में चली गयी। पंत जी उसे दूर से आते हुए देख रहं थें; हाथ में मोबाइल व मोबाईल में चलती अंगुलियाँ, जो कमरें में जाते हुए अनवरत चलें ही जा रहे हैं।

थोड़े ही देर में संध्या तीन कप चाय लेकर आगयी । हंसिका भी पकड़े बदल कर व हाथ-मुँह धोकर बाहर आ गयी व मम्मी-पापा के साथ चाय पी ही रही थी कि तभी उसके मोबाइल पर एक फोन आ गया फिर वो चाय लेकर बातें करती हुई कमरें में चली गयी। दोनों पति-पत्नी फिर से अकेले ही चाय पीने लगें। शाम के सात बज चुके हैं,पंतजी व उनकी श्रीमती जी के साथ बैठक में बैठे हुए अपने बेटे के आने की प्रतीक्षा कर रहें हैं ,अचानक कॉलबेल बजती है संध्या दरवाजा खोलती है। थकान से भरा मलय। कमरे में आते ही सोफे फर पसर गया। संध्या कमरे से उठकर रसोईघर की ओर प्रस्थान करती है और जब लौटी तो हाथ में पानी का गिलास था। माँ के हाथ से पानी लेकर मलय ने एक मीठी सी मुस्कान बिखेरी और पानी पीने लगा।

पंतजी मलय को देखे जा रहे हैं,"क्या बात बेटे आज थके-थके से लग रहे हो"? "हाँ पापा ऑफिस में काम बहुत हो जाता है।आप लोगों को भी समय नही दे पाता।"

"होता है बेटे" इट'स ओके"। पंतजी बोले, तभी ऑफिस से फोन आ गया मलय का और वो उठकर अपने कमरे में चला गया।

"अब तो इन बच्चों से कल सुबह ही ऑफिस जाते समय ही मुलाकात हो पायेगी"।पंतजी बोले संध्या मुस्कुरा उठी और चाय लेकर मलय के कमरे में चली गयी। मलय झल्लाकर बोला," माँ कमरे मे आने सैं पहले डोर तो नॉक कर लिया कीजिए।" संध्या खिसियाते हुए "सॉरी बेटे" कंहते हुए बाहर आ गयी।

पंतजी जो कि यूँ तो शान्त स्वभाव के हैं; परन्तु मलय के व्यवहार से एकदम

कुपित हो गये और मलय के कमरे की ओर जाने लगे परन्तु संध्या ने रोक लिया। "ये बच्चों के रंग-ढंग तो मुझे बिल्कुल भी पसंद नही आतें।" यशोधर पंत जी अपनी पत्नी संध्या की ओर मुखातिब होते हुए बोले।

"जाने भी दो ना बच्चें ही ठहरे,और फिर इस उम्र को नही जिएंगे तो कब जिएंगे।"संध्या यशोधर जी की ओर देखते हुए बोली।

" हाँ तुम तो बच्चों का ही पक्ष लो बस"। पंत जी बोल पड़े।

"आज तो आने दो घर इन्हें; इनकी खबर लेनी ही पड़ेगी मुझे।" पंतजी क्रोध में भरकर बड़बड़ा रहें थें ।

"तुम्हें मेरी कसम ठहरी जो कुछ कहा तो" संध्या बोली।

"जाने दो कभी तो अक्ल आएगी इन्हें।"संध्या पुनः कहने लगी ।

"रोज तुम हर रोज रोक देती हो, ये कहकर पंतजी गुस्से से भुनभुनाते हुए अंदर कमरे में चले गयें और पीछे से संध्या भी ।

पंतजी को आज रह-रह कर पाण्डे की बात याद आ रही थी।

संध्या कहने लगी," क्या बात हैं? आज आप उदास है।"

पंत जी बोले," हाँ संध्या ! आज मुझे पाण्डे की बातें याद आ रही है; मेरे और पाण्डे के बीच बच्चों को लेकर अमूमन बहस हो जाती थी। जहाँ पाण्डे बच्चों को संघ द्वारा संचालित विद्यालय मे पड़ा रहा था तो मैं उससे कहता कि बच्चों को इंग्लिश मीडियम पब्लिक स्कूल मे पढ़ा यार यहाँ ये क्या सीखेगें। तब पाण्डे कहता संस्कार भारतीय संस्कृति व संस्कारो से परिचित होंगें। मैं उसकी सोच पर हँसता था और वो मेरी बातों से असहमत होकर कहता पंत आज ,"तू भले ही मुझे पर हँस पर कल तुझे मेरी बातें याद आएंगी ।"

ये कहते हुए पंतजी बोले," मेरा मन यहाँ नही लगता ।बस एक बार बच्चों की गृहस्थी बस जाए फिर चल दूँगा हल्द्वानी वापस।"

6

फ्रांस का पेरिस शहर में समुद्र के किनारे स्थित एक सुन्दर से बंगले में संजीव कुमार पाठक अपनी पत्नी शालिनी व दो बेटियों नम्रता और विनीता के साथ रहते हैं दोनों बिटिया शालीन व शिष्ट हैं। दोनों ही भले रहती फ्रांस में हों, पर उनमें भारतीयता मानो रचि-बसी हों।

संजीव कुमार पाठक जी व उनकी श्रीमती शालिनी दोनों ही एक-दूसरे के विपरीत हैं; जहाँ संजीव पाठक जी पाश्चात्य संस्कृति से प्रभावित रहतें हैं, वहीं शालिनी भारतीय संस्कृति पर अभिमान करती है।

उन्होंने अपनी दोनों बेटियों को भारतीय संस्कृति से भलीभांति परिचित करा रखा है; परन्तु इसका तात्पर्य यह कदापि नहीं लगा लेना चाहिए कि दोनों पति-पत्नी के बीच कोई मतभेद या मनभेद जैसी चीज है। वो अलग बात है कि दोनों ही अलग-अलग संस्कृति से प्रभावित हों परन्तु एक-दूसरे की भावनाओं का सम्मान करते हैं तथा एक-दूसरे के विचारों को सुनते भी हैं और समझते भी; यही कारण है कि उनकी बेटियों पर उनके संस्कृति प्रेम की भिन्नता का प्रभाव नही पड़ा और वो दोनों ही भारतीय संस्कृति से बहुत प्रेम करती हैं और संजीव जी को इस बात से कोई फर्क भी नही पड़ता।

पाठकजी आज पेरिस की सड़कों पर सपरिवार घुम रहे हैं, पुरी तरह से पश्चिम के रंग में रंगे हुए। निकर,टी-शर्ट, स्पोर्ट्स सूज,काला चश्मा व गले में क्रॉस का निशान वाला लॉकेट पहने हुए हैं तथा हाथ में हिप्पी नुमा कड़े व कंगनपहन रखी हैं व कान में बड़ी-बड़ी बालियाँ व सर में उल्टी टोपी से अपने आप को सर से पैर तक सज्ज कर रखा है। मुँह में शिगार दबायें हुए अंग्रेजी बोल रहे हैं अंदर स्वयं को गौरवान्वित महसूस कर रहे हैं।

उनकी पत्नी व दोनों बेटियों ने साधारण-सी भारतीय परिधान धारण कर

रखे हैं। फ्रांस में सभी लोग उनके परिधान से आकर्षित होकर उनकी एक झलक को अपने कैमरे में उतार रहे हैं।

एक जगह पाठक जी को बाथरूम लगी है, सो हल्का होने के लिए वो एबक सार्वजनिक बाथरूम में गये हुए है ,जहाँ पर कुछ गौर-वर्ण युवा पहले से ही मौजूद हैं। पाठक जी को देखकर वो उनका मजाक बना रहे हैं व उन्हें ब्लैक इंडियन कहकर उनका उपहास उड़ा रहे हैं पाठक जी उनकी बातों से आहत तो हैं पर उनको अनदेखा कर वह बाथरूम कर रहे हैं; परन्तु वो लोग उनके साथ बदतमीज़ी किये जा रहे हैं। पाठक जी की सहने की क्षमता अब जवाब देने लगी है और वो उनको डॉटने लगे। फिर क्या उन्होंने पाठक जी को वही घेरकर उनको लात-घुंसों से पिटना शुरू किया और फिर उठाकर बाहर फेंक दिया।

पेरिस की सड़कों पर गुजरता हर आते-जाते लोग उनकी उस दशा पर उनपर हँस रहे हैं। पाठक जी रोड में घायलावस्था में पड़े हुए स्वयं को लज्जित महसूस कर रहे हैं। आज उन्हें पश्चिमी सभ्यता व संस्कृति से नफरत सी हो रही है शायद उनका मोह भंग हो रहा है।

जब काफी देर तक पाठक जी नहीं लौटे तो, शालिनी व उनकी दोनों बेटियों को उनकी चिन्ता होने लगी अंदर वो, पाठक जी को तलाशते हुए उस जगह में पहुंचे,जहाँ पाठक जी घायलावस्था में व मलीन स्थिति मे सड़कों के बीचो-बीच पड़े हुए थें और आते-जाते लोग या तो उन पर हँस रहें थे या फब्तियां कस रहे थें,कुछ लोग या तो उन्हें भिखारी समझ रहें थे या फिर पागल,और पाठक जी लज्जित अवस्था में सड़क किनारे पड़े हैं और उनकी आँखों में आँसु हैं कि थमने का नाम नही ले रहे हैं।

शालिनी ने, अपने दोनों बेटियों के सहयोग से पाठक जी को उठाया और चल पड़े वापस घर की ओर । आज संजीव कुमार पाठक जी को रह-रहकर भारत याद आ रहा है।

दूसरे दिन पाठक जी पुलिस में अपने साथ हुए दुर्व्यवहार की शिकायत

पुलिस में करते हैं, पुलिस त्वरित कार्रवाई कर उन युवाओं को धरपकड़ती है और पाठक जी से उनके साथ हुए दुर्व्यवहार के लिए माफी मांगती है । अब पाठक जी का मन विदेश से उबरने लगा।

विदेश में होता भी वहाँ पर रहने वाले कुमाऊं अंचल के लोग भी आपको जानने से इंकार कर देते हैं।आप उन तक ना पहुँचो,ये सोचकर मुँह फेरकर आगे बढ़ जाते हैं ।ऐसा मैने कई लोगों के मुंह से सुना है।

इस घटना को बीते हुए कई दिन हो गये है। आज संजीव जी और शालिनी साथ बैठकर चाय पी रहे हैं। तभी पाठकजी शालिनी को देखते हुए कह रहे हैं," सुनो शालिनी मेरे मन में रह-रहकर एक बात आ रही है कब से " ।

शालिनी," यही ना कि भारत लौट चलें"।

"अरे तुमने ये कैसे जान लिया", पाठक जी बोले ।

"पत्नी हूँ तुम्हारी", शालिनी बोली।

तभी दोनों बेटियाँ भी वहाँ आ गयी और कहने लगी," अवश्य हम लोग भी चलेगीं, आप लोगों के साथ ,भारत ,अगले महीने; बितायगें कुछ समय अपने देश में।"

दोनों बेटियाँ एक साथ बोली ।

"परन्तु बच्चों हम हमेशा के लिए भारत वापस जा रहे हैं; अपने मित्र,पाण्डे व पंत के पास उनके साथ हल्द्वानी रहने को।" पाठक जी बोल धड़े और सब मुस्कुरा दिये।

तब तक चाय भी खत्म हो चुकी थी। पाठक जी आज बहुत खुश है और गुनगुना रहे हैं," सारे जहाँ से अच्छा हिन्दोस्ताँ हमारा"।

7

आज रविवार है, सुबह का समय है, बाहर चिड़ियाएं कलरव कर रही है,ठंडी हवा चल रही है,इस सुहावनी सुबह में पंतजी अपनी पत्नी संध्या के साथ बैठे हुए हैं। पंतजी शान्त रहतें हैं, अन्तर में उनके उदासीनता रहती है; जो उनके चेहरे पर नजर आता है।

संध्या- "आजकल आप परेशान रहते हैं ।"

यशोधर मुस्कुराते हुए बात को टाल गये और प्रकृति को निहारने लगे। तभी वंशिका भी बाहर आ गयी साथ में मलय भी।

"गुड मार्निंग डैड"। "गुड मार्निंग मॉम"। दोनों एक साथ बोल पड़े।

पंतजी व संध्या ने उनके गुड मार्निंग का जवाब दिया और संध्या रसोई में चली गयी चाय लेने और पंतजी अखबार के पन्ने पलटने लगे।

"कैसे हैं पापा आप " ? वंशिका बोली।

पंतजी मुस्कुरा भर दिए।

तभी संध्या चाय के दो कप ट्रे मे सजा कर ले आई। सभी लोग चाय पीने लगे।

चाय पीते-पीते, अचानक पंतजी बच्चों की ओर देखते हुए बोले," बेटा अब मेरी इच्छा है कि मैं और तुम्हारी माँ यहाँ से कहीं दूर अपने शहर हल्द्वानी चले जाएँ, हमेशा-हमेशा के लिए " ।

"पापा ये निर्णय आपने अचानक क्यों लिया","क्या हमने कोई गलती हो गयी"! मलय रुआंसा होकर बोला।

"नही बेटा", ये जनरेशन गैप है। जहाँ एक उम्र के बाद आचार-विचार दोनों में भिन्नता होती है। महिलाओं में ये गुण होता है कि वह समय के अनुसार ढल जाती हैं, परन्तु पुरूष का अहम् कोशिश तो करता है समझौते करने की; पर एक स्थिति के बाद उसका अहम् उस पर हावी होने लगता है शायद।" पंतजी

लगातार बोले जा रहे हैं।

संध्या(आश्चर्यचकित हो)-"दे हो यो के कुणो छा कौ तुम!"(य सुनो ये क्या कह रहे हो तुम!)

 यशोधर जी-"अगर तुम यहीं रहना चाहो तो रह लो"।

संध्या (दुःख और आवेश के मिश्रण लिए हुए कहने लगी)-"औरतों का क्या ठहरा बँट जाने वाली ठहरी पति व बच्चों के बीच; अंत में देना पति का साथ ही ठहरा।जब तुम ही रहना नही चाहते, तो मैं क्या करूँ ?यहाँ रहकर। जहाँ खुंटी वही गाय।"

ये कहते हुए संध्या दुखी व रूआँसी हो गयी।

तभी पंतजी बच्चों से बोले, "बेटा यदि तुमने अपने लिए कोई जीवन साथी ढूंढ रखा है, तो बता दो, वरना हम प्रयास करें।" दोनों बच्चें पापा के साथ एक-दूसरे को देखे जा रहे हैं, शायद किंकर्तव्यविमूढ़ हों!

 वो समझ नहीं पा रहे हैं कि क्या कहें, कैसे कहें। मर्यादा और स्वतन्त्रता के बीच में से किसे चुने आज।

"पापा ये आप क्या कह रहें हैं हमारी तो कुछ समझ में नही आ रहा है"। दोनों वंशिका और मलय रुआंसें होकर एक साथ कहने लगें।

"बेटा एक अंतिम दायित्व का निर्वाह करना चाहतें है हम दोनों।"यशोधर जी गंभीर हो कहने लगे।

"क्या पापा"? मलय आश्चर्यचकित हो पूूछा।

"और ये आप ऐसा क्यों कह रहे हैं पापा?" अचानक वंशिका चौकतें हुए कहने लगी।

"बेटा देखों अब आप दोनों ही बड़े हो चुके हैं; अपना भला-बुरा भली भाँति जानते हो।अब तुम अपनी जिन्दगी अपनी तरीके से जीओ और हम अपनी तरीके से जीते हैं"। यहाँ पंतजी की बात समाप्त हुई, और वहाँ चाय।

 पंतजी उठे और अंदर कमरे में चले गये दैनिक कार्यों से निवृत होने के लिए।

संध्या किंकर्तव्यविमूढ़ हो वही मैदान में सुन्न बैठी रही,शायद ऊहापोह में थी कि कैसे बिखरे हुए घर को एक बार फिर संवारें वह। बच्चे उठकर अपने-अपने कमरों में चले गयें।

हवा भी चल रही है,पंछी भी चहक रहें हैं, सब कुछ वैसा ही है,जैसा पहले था; पर इन सब में सन्ध्या को उत्साह का अभाव-सा नजर आ रहा है।

आज एक महीने बाद यशोधर पंतजी व उनकी पत्नी हल्द्वानी के लिए रवाना होने की तैयारी कर रहे हैं। पंतजी के चेहरे में एक अलग ही चमक है पर संध्या के चेहरे में उदासी; तभी मलय और वंशिका भी अपना सामान बाँध कर आ गये।पंतजी व संध्या के चेहरे आश्चर्य के भाव उतर व चढ़ रहे हैं। संध्या का चेहरा जहाँ अब खिल चुका है वही पंतजी के चेहरे में आत्म संतुष्टि के भाव हैं। "पापा हम भी चलेंगे आप के साथ हल्द्वानी जब तक आप हैं,हमेशा-हमेशा के लिए", पाण्डे अंकल के पास उनसे मिलने। बच्चों एक साथ बोल पड़ें।

8

पाण्डे जी की बातें अब समाप्त हो चुकी हैं; वो वापस अतीत के पथ से वापस अपने परिवार के पास अपने घर के बैठक में वापस आ चुके हैं; उनका मेंगो-शैक कब खत्म हुआ उन्हें पता ही नही चला।

ईधर पाण्डे जी उस तस्वीर को वापस एलबम में उसके स्थान में लगा रहें है,उधर परिवार की बहुएं बरतनों को समेट कर अगले कार्यक्रम की तैयारी करने के लिए उठकर रसोईघर की ओर प्रस्थान करने लगीं हैं। एक बहु सब्जी काट रही है, शाम के लिए व एक बहु आटा गूँथ रही है। बच्चे अब टीवी लगाकर अपने कार्यक्रम देख रहें हैं। पाण्डे जी ,उनकी पत्नी हेमा व दोनों बच्चे अभी भी पाण्डे जी के साथ ही बैठे हुए हैं,तभी दरवाजे पर कॉलबेल बजी।पाण्डे जी ने दरवाजे पर जाकर दरवाजा खोला तो वो खुशी के मारे उछल पड़े सामने उनके दोस्त पंत व पाठक सपरिवार खड़े थें।

आज फिर पाण्डे जी का दीवानखाना हँसी-ठहाकों से चहक रहा है और साथ ही साथ विभिन्न पकवानों की महक से खासतौर पर शैं, आलू के गुट के, भाँग की चटनी,रायता,पकौड़ी चाय और भी ना जाने कितनी खुशबुओं से महक रहा है घर, साथ ही साथ यादों का सफर भी तय हो रहा है। पाण्डे,पंत व पाठक ने निश्चय कर लिया है यही रहने का एक साथ सपरिवार । इस तरह से आज फिर से मिल गये एक बार बिछुड़े हुए तीन दोस्त।

आज होली मिलन समारोह है यानी छलहड़ी और पाण्डे, पंत,और पाठक सपरिवार प्रेम से होली मिलन कार्यक्रम कर रहे हैं। पंत व पाठक के बच्चे कुमाऊं की होली का आनन्द उठा रहे है तथा स्वयं को गौरवान्वित महसूस कर रहे हैं।

तीन दोस्त आज फिर वर्षों बाद ही सही अपना वचन निभाया रहे हैं। और गा

रहे हैं। "उड़ जा रे भंवर तो को मारेंगे"। "हो हो होरक रे"।

2

समाप्त

हिमांशु पाठक

"पारिजात"

ए-36,जज-फार्म,

छोटी मुखानी,

हल्द्वानी-263139,

नैनीताल,उत्तराखंड।

मोबाइल-7669481641

Email   pk14himanshu@gmail.com   ,

pathakhimanshu14@gmail.com

तम----!

लेखक- हिमांशु पाठक

शहर की फ़िज़ाओं में भी भय का माहौल है साहब। पिछले साल भी कोरोना था; लॉकडाऊन लगा था पूरे देश में लेकिन तब वातावरण इतना भयावह नही था। तब लोग लॉकडाऊन को भी खुशी के साथ जीते थे उसमें भी सकारात्मक सोच रखते थे,एक-दूसरें को फोन करते सुख-दुःख साझा करते। खाने-पीने की नई-नई रेशिपी एक-दूसरें से सोशल मीडिया के माध्यम से साझा करतें। पुराने जमाने के गानों को सुनते,स्वयं भी सुनते और दूसरे को भी सुनातें। पुरानी यादें ताजा करतें थें । सब लोग परिवार के साथ समय बीता रहें थें; मानों पुराना वक्त एक बार फिर से लौट आया हो। टीवी पर रामायण व महाभारत के लौटने से डी डी चैनल में फिर से बहार आ गयी थी। कोरोना के पहले दौर में, काफी मीठी यादें थी जो सबों ने सहेज रखी थी दिल में।

सबों ने एक-दूसरे से वादे किए कि फिर से मिलेंगे। उस कोरोना काल में सरकार भी सजग थी; परिणाम ये रहा कि सरकार की सजगता व आपसी सहयोग से कोरोना को नियंत्रित भी कर लिया गया, सब कुछ सही दिशा में चल रहा था। लेकिन इस बार सरकार, विपक्ष व जनता सभी लापरवाह हो गये। सभी ने ये मान लिया था कि कोरोना अब भारत से हमेशा के लिए जा चुका है और शुरु हो गयीं लापरवाहियाँ।

हम सभी लोगों का गैरजिम्मेदारी पूर्ण व्यवहार का ही परिणाम हमारे सामने

कोरोना इज़ रिटर्न के रूप में आया। कोरोना की दूसरी लहर की शुरुआत में लोगों ने इसको गंभीरता से नही लिया,और धीरे -धीरे कोरोना ने विस्तार लेना शुरू किया और जब तक लोग संभल पाते शुरू हो गया मौत का तांडव। दिन-रात रोग-वाहिनि के सायरन का शोर,मन को विचलित कर रहा था आसपास के लगभग सभी घर, कोरोना से प्रभावित,जो,हो रहें थें। किसी-किसी घर में तो पूरा का पूरा परिवार कोरोना से प्रभावित हो रहा था। नींद थी कि आँखों से गायब, पूरी रात बस जग कर ही गुजर रही थी;ऐसे में कभी सायरन ,कभी कुत्तों के रोने की आवाज व बिल्लियों का आपस में लड़नें की आवाजें तो रात को और भयावह बना देतीं।   मोबाइल ,जो कभी हमारा एकमात्र साथी हुआ करता था,हमारे सुख-दुःख में विशेष रूप से, पिछले लॉकडाऊन में, इस बार के लॉकडाऊन में हमारे लिए गले की हड्डी समान थी ना उगले, ना निगले। सोचता चलो अपनों से ना मिल पा रहें हो तो क्या ! कम से कम उनकी आवाज ही सुन लें, मगर वहाँ भी हालात ऐसे थें कि फोन उठते ही दुःखद खबर,और मन भय से ग्रसित हो जाता और उदास भी।

छोटे-छोटे बच्चे अनाथ हो गये,कुछ ने आपदा में अवसर तलाशा और रिश्तेदार बनकर आ गयें। नए-नए समाज सेवक उभरें,कुकुरमुत्तों की तरह, अनाथ बच्चों की सहायतार्थ,अच्छा लड़कों की सहायतार्थ हेतु नही बल्कि लड़कियों की सहायतार्थ हेतु; आपदा में अवसर की तलाश।

हालांकि इन सब में चिकित्सकों का कार्य सराहनीय रहा इसमें किसी को किसी प्रकार संदेह किसी को भी नही होना चाहिए था,परन्तु हर पेशें में अगर अच्छे लोग हैं तो बुरे लोग भी हैं; हालाँकि बुरे लोग होते तो कम हैं,पर किसी पेशे पर से लोगों का विश्वास उठाने के लिए ये लोग कम होते हुए भी भारी पड़ जातें हैं। ऐसे लोगों ने भी आपदा में अवसर तलाशने में कोई कसर नही छोड़ी ।

क्या एंबुलेंस, क्या श्मशान, क्या मेडिकल सब जगह पर लोगों नें आपदा में

अवसर को तलाशने में कोई कोर-कसर नहीं छोड़ी।

मेरे घर में एक महिला झाड्ड-पुछा व बरतन धोने का काम करती थी नाम था शीला, हमारे घर की सदस्या सी थी हमेशा घर का ख्याल रखती थी। उसका पति भी दिहाड़ी का काम करता था। दो बच्चें थे; दोनों ही लड़कियाँ थी।एक पाँच साल की व दूसरी तीन साल की दोनों ही घर के पास के पब्लिक स्कूल में पढ़ने जातीं थीं, हालांकि आप आश्चर्यजनक तरीके से मुझसे प्रश्न कर सकतें हैं कि दोनों की आर्थिक स्थिति इतनी अच्छी तो नही थी,फिर भी वो अपनें बच्चों को पब्लिक स्कूल में कैसे पढ़ाई लेते थें? और आप प्रश्न कर सकतें हैं, क्योंकि आप जानते है कि भारत में शैक्षिक भेदभाव का एक आधार आर्थिक भी है सरकारी स्कूल में शैक्षिक गुणवत्ता का अभाव है और पब्लिक स्कूल बनिये की दुकान बन चुकी हैं जहाँ वही बच्चे पढ़ सकतें हैं,जो धन खर्च कर सकतें हैं।

लेकिन शीला व उसका पति दोनों ही समझदार थें वो शिक्षा के महत्व को भली-भाँति समझते थे इसलिए अपनो दोनों बच्चों की शिक्षा पर ध्यान देते ।इसके लिए उन्होंने कभी भी किसी प्रकार का कोई समझौता नही किया। सब कुछ सामान्य ही चल रहा था पर इस कोरोना ने हर किसी को प्रभावित किया, किसी को स्वास्थ्य से और किसी को जन और धन से।

बीच में कोरोना भी समाप्ति पर था इसलिए सभी लोग अपनी सामान्य दिनचर्या में लौटने लगें थे। लग रहा था सब कुछ सामान्य हो रहा है।अर्थव्यवस्था भी धीरे-धीरे सामान्य की ओर लौट रही थी। जीवन भी अब शनेः-शनैः पटरी पर लौट रहा था शीला भी वापस काम पर आने लगी थी।

पिछले साल भी उसको काम पर आने से तो मना कर दिया था पर उसको आर्थिक सहायता अनवरत चल रही थी।

परन्तु अचानक धीरे-धीरे कोरोना के केस फिर से बढ़ने लगे थें। होली के बाद से इसमें तेजी आने लगी थी। अभी भी लोग इसे गंभीरता से नही ले रहे थे।

राजनैतिक पार्टियाँ चुनावी रैलियों में व्यस्त थे ,आम जनता त्यौहारों और उत्सवों में व्यस्त थें ,कुम्भ का मेला चरम पर था। सत्ता पक्ष और विपक्ष तू-तू,मैं-मैं करने मे व्यस्त रहे। अधिकारीगण की तो खैर सुनता ही कौन है। राज्य व केन्द्र की सरकारें भी कभी वैक्सीन-वैक्सीन पर उलझी,कभी ऑक्सीजन पर उलझी।

रही सही कसर दवाईयों के विक्रेताओं और उत्पादकों ने पूरी कर दी।हर कोई जिसको जहाँ पर आपदा में अवसर आया उसने वहीं फायदा उठाया।

मानवता भी शर्मसार हो रही थी और प्रकृति रो रही थी। इधर शीला ने भी काम पर आना बन्द कर दिया था।

हम ये सोचकर कि वो अपने घर में होगी व परिवार के साथ स्वस्थ्य एवं कुशल से होगी उस दिशा में सोचना बन्द कर रखा था; परन्तु हमने ये निश्चय जरूर कर लिया था कि हम शीला व उसके परिवार की आर्थिक सहायता जारी रखेंगे,ताकि उन्हें आर्थिक समस्याओं का सामना ना करना पड़े।

इस दौर में हर कोई स्वयं के लिए ही चिन्तित था ,कहाँ किसी और के बारे में सोच ही कहाँ पा रहा था।

हम भी इससे अछूते नही थें,क्योंकि हमारे कई अपने कोरोना से प्रभावित थे। हमारे दिल के एक बहुत ही करीबी कोरोना से चल गुजरे थें सो मन उदास था।समय धीरे-धीरे आगे बढ़ रहा था।

एक दिन शीला का फोन मेरे श्रीमती के मोबाइल पर आया,उसकी आवाज लड़खड़ा रही थी। ऐसा लग रहा था मानो उसकी साँसे उखड़ रही हो वो बहुत ही मुश्किल से कुछ बोल पा रही थी।

उसने हाँफते-हाँफते बताया कि हमारा पूरा परिवार कोरोना से प्रभावित हो चुका था और मेरे पति उसमें चल बसे। मेरा भी अब कोई भरोसा नही लगता। मैडम जी! आपसे एक अनुरोध है कि मेरे ना रहने पर बच्चे अनाथ हो जाएँगे। मैडम जी !आप हमारे बाद इन बच्चों का ध्यान रख लीजियेगा।

मेरी पत्नी ने पूछा कि तुम लोग कहाँ हो बच्चे कहाँ है तो उसने जो बताया वह काफी पीड़ादायक था। उसके मुताबिक करीब हफ्ते भर पहले सबसे पहले इनको बुखार आया हम लोग अस्पताल में गयें तो पता चला कि वो कोरोना से प्रभावित हो चुकें थें। इसके बाद इनके साथ मेरे व बच्चों का भी कोरोना टेस्ट हुआ ये और मैं तो कोरोना से प्रभावित हो गये पर बच्चों को कोरोना का कोई प्रभाव नहीं था॥ डॉक्टर ने हम दोनों को घर में ही रहकर स्वयं की देखभाल करने की सलाह दी। हम लोग घर में ही रहकर डॉक्टर की सलाह के आधार पर स्वयं की देखभाल करने लगे। परसों रात अचानक इनकी तबियत ज्यादा बिगड़ने लगी तो हमनें डॉक्टर से सम्पर्क किया तो डॉक्टर साहब ने इन्हें तुरंत अस्पताल में भर्ती करने को कहा हम लोगों ने अस्पताल प्रशासन को एंबुलेंस के लिए सम्पर्क साधा तो, अस्पताल प्रशासन ने एंबुलेंस की उपलब्धता ना होने की बात कही। मेरे काफी अनुरोध करने पर भी वहाँ से मुझे निराशा ही हाथ लगी ,यहाँ इनकी तबियत बिगड़ती ही जा रही थी,रात भी बढती ही जा रही थी।

मैंने डॉक्टर साहब से सम्पर्क कर एंबुलेंस की अनुपलब्धता की बात बताई और इनके स्वास्थ्य के और गिरने की बात कही ,साथ में मैंने डॉक्टर साहब से घर आकर अपने पति को देखने का अनुरोध किया तो उन्होंने पचास हजार रूपये में घर आकर देखने की बात कही। हमारे पास इतने रूपये कहाँ थे?

खैर हमारे मुहल्ले में एक प्रभावशाली व्यक्ति के पास गयीं, जो कि जिला पंचायत सदस्य थें। किसी ने बताया था कि उनकी भी अपनी पाँच एंबुलेंस हैं ,मैंने उन्हें पूरी बात बताई व एंबुलेंस की सुविधा उपलब्ध कराने का अनुरोध किया तो उन्होंने भी बीस हजार रूपये किराया एंबुलेंस के लिए मांगे।

आखिर थक हार कर पति को लेकर पैदल ही अस्पताल जाने लगी,वो तो भला हो पड़ोसी रिक्शावाला का जो हम लोगों को अपने रिक्शा में बैठाकर अस्पताल ले गया व उसने इस सेवा के बदले एक पैसा भी नहीं लिया।

इस महामारी के समय में जहाँ मानवता शर्मसार हो रही थी हर कोई आपदा

में अवसर तलाश रहा था, वही वो गरीब रिक्शावाले ने मानवता को शर्मसार होने से बचा लिया था।

खैर हम लोग अस्पताल पहुँच गये पहले तो अस्पताल वालों ने मेरे पति को भर्ती करने से मना कर दिया; परन्तु काफी मिन्नत करने पर अस्पताल के फर्श में एक कोने में उन्हे भर्ती तो कर लिया; अब मेरी भी तबियत बिगड़ने लगी तो मैं भी अस्पताल में भर्ती हो गयी , परन्तु, हमें अस्पताल में बिस्तर नही मिल पाया इसलिए जमीन में ही हम दोनों पड़े रहें।

कभी-कभी कोई आ जाता तो ठीक वरना ऐसे ही पड़े रहते । कल रात इनकी साँसे उखड़ने लगी, अस्पताल में ऑक्सीजन की कमी थी, जो जितने ज्यादा रूपये दे रहें थे उन्हें तो तत्काल ऑक्सीजन मिल जा रही थी। हमारे पास इतने पैसे थे नही सो इनको समय पर ऑक्सीजन नही मिल पाया और ये चल बसे और सुबह अस्पताल वालों ने इनको पोलीथिन मे लपेट कर उनका अंतिम संस्कार कर दिया,मैडम जी इनके अंतिम संस्कार करने में भी बड़ी दिक्कत आ रही थी।

बाद में शमशानघाट की एक पर्ची मुझे थमा दिया था,जिसमें अंतिम संस्कारकी पूरी प्रक्रिया के नाम पर एक लाख का बिल था। मैडम जी ! उस वक्त मैं क्या करती अपने बदन के गहने मैंने अस्पताल प्रशासन को दे दिये।

बीबीजी लग रहा है मेरा भी अंतिम समय आ रहा है; ये कहकर उसकी आवाज लड़खड़ाने लगी थी। और उसकी आवाज धीरे-धीरे बन्द हो रही थी, फोन पर अब उसकी उखड़ती हुई साँसो की आवाज आ रही थी। लड़खड़ाने हुए शीला के अंतिम शब्द थें,मैडम जी हमारे बाद हमारे बच्चों का क्या होगा? हमारे तो कोई रिश्तेदार भी नहीं है जो बच्चों की देखभाल हमारे जाने के बाद करेंगा? ये कहते-कहते उसकी आवाज शान्त हो गयी ।पत्नी फोन से बोलती रही शीला हैलो शीला ,परन्तु वहाँ से कोई आवाज़ नही थी, थी तो बस लड़खड़ाती साँसे की आवाज। पत्नी फोन पर शान्त रह गयी, वो शीला की थमती साँसो की आवाज

को सुने जा रही थी, लाचार व विवश।

पत्नी की आँखों से लगातार अश्रुधाराएँ बह रही थीं। मेरा मन ये सोचकर दुःखी था कि अभी ना जाने कितना मन और रोएगा । शीला के अंतिम शब्द, फोन का स्पीकर ऑन होने के कारण, मैं भी सुन पाया था और शायद बच्चों के प्रति उसकी आशंका में कही ना कहीं हमारे प्रति विश्वास छुपा हुआ था ,जो मुझे स्पष्ट दिखाई दे रहा था।

मैनें व मेरी पत्नी ने एक-दूसरे से बात कर शीला के बच्चों के आगे की देखभाल का दायित्व स्वयं लेने का निश्चय कर लिया था और प्रतीक्षा कर रहें थें कि कब स्थिति थोड़ी सी भी सामान्य हो और हम बच्चों को अपने पास अपनें घर ले आएं सदा-सदा के लिए।

परिस्थितियों के वश हम लोग भी विवश थे और प्रतीक्षा कर रहें थें कि कब स्थिति सामान्य हो और कब हम शीला के बच्चों को देखने जाएँ । समय गुजरने लगा स्थिति धीरे-धीरे सामान्य हो रही थी।

आज काफी दिनों के बाद, मन बनाकर हम शीला के घर गयें, शीला के घर में ताला लगा हुआ था। घर में कोई भी नहीं था। ना बच्चें और ना ही सामान।

हमनें आस-पड़ोस में शीला के बच्चों के बारें में पूछताछ करी तो लोगों ने बाद शीला के दोनों बच्चों को उनके सससुराल से आए उनके रिश्तेदार सामान सहित अपनें साथ ले गयें।

हमें बड़ा आश्चर्य हुआ क्योंकि शीला से जब फोन पर बातचीत हुई थी तो ,उसने तो अपनें किसी भी रिश्तेदार के ना होने की बात कही थी; ना अपने मायके की ओर से और ना ही ससुराल की ओर से।

हमारे सामने अब विकट समस्या थी कि कैसे और किस आधार पर हम उनके बच्चों की जानकारी प्राप्त करें।

हमनें भी सब कुछ नियति पर छोड़ दिया था,इस विश्वास पर कि बच्चे जहाँ भी हों ,खुश रहें और उनका भविष्य सुखमय हो।

हम दोनों ईश्वर से मन ही मन में बच्चों की शुभता की कामना कर, भारी मन से वहाँ से निकल अपनें घर को लौट रहे थें,तभी मेघाच्छादित आसमान से बारिश की कुछ बूँदें हमारे बदन पर गिरी, शायद वह शीला व उसके पति के आँसू थे, जो अपने बच्चों के लिए बह रहे थें और हमारे लिए उनका हम पर किये गये विश्वास के टूटने से अफसोस प्रकट कर रहें थें । समाप्त हिमांशु पाठक "पारिजात",ए-36, जज-फार्म,छोटी मुखानी, हल्द्वानी-263139, नैनीताल, उत्तराखंड।